EXAMEN

DE

L'ARRÊT RENDU PAR LA COUR ROYALE DE PARIS,

SUR LA DÉNONCIATION DE M. LE COMTE DE MONTLOSIER,

ET MOYENS LÉGAUX DE SE POURVOIR.

Rouen. F. BAUDRY, Imprim. du Roi, rue des Carmes, no. 20.

EXAMEN

DE

L'ARRÊT RENDU PAR LA COUR ROYALE DE PARIS,

AU SUJET DE LA DÉNONCIATION DE M. LE COMTE DE MONTLOSIER,

ET MOYENS LÉGAUX DE SE POURVOIR,

PAR M. LENORMAND,

AVOCAT A LA COUR ROYALE DE ROUEN.

> « Il serait téméraire de chercher les questions
> difficiles ; mais elles sont quelquefois inévitables ;
> et, quand elles se présentent, il faut avoir le
> courage de s'y engager. »
>
> *Disc. de M. l'Evêque d'Hermopolis, 25 Mai 1826.*

ROUEN,

Chez Vᵉ. RENAULT, libraire, rue Ganterie, nᵒ. 26.

PARIS,

Chez
{ MOUTARDIER et Cⁱᵉ., libraires, rue Git-le-Cœur, nᵒ. 4.
{ PONTHIEU, libraire, au Palais-Royal.
{ MONGIE aîné, libraire, boulevard Poissonnière, nᵒ. 28.
{ MAZE, libraire, rue du Colombier, nᵒ. 9.

1826.

EXAMEN

DE

L'ARRÊT RENDU PAR LA COUR ROYALE
DE PARIS,

AU SUJET DE LA DÉNONCIATION DE M. LE COMTE DE MONTLOSIER,

ET MOYENS LÉGAUX DE SE POURVOIR.

Nous avions transmis à M. le bâtonnier du barreau de Rouen la lettre de M. le comte de Montlosier : des jurisconsultes de ce barreau s'occupaient d'une consultation au sujet de la dénonciation présentée par ce courageux citoyen, lorsque l'arrêt rendu le 18 Août 1826 par la cour royale de Paris a paru rendre ce soin inutile.

Dans le travail que nous avions préparé pour concourir à cette consultation, nous ne pensions pas plus que les jurisconsultes de Paris et de Poitiers, dont les opinions dans cette affaire sont si fortement raisonnées, que la question d'incompétence dût mériter une sérieuse attention ; mais la cour royale de Paris a jugé le contraire : lesquels, des magistrats ou des jurisconsultes, se sont trompés? C'est ce point que nous allo ns discuter.

Cette cour a déclaré que la haute police du royaume est seule compétente pour dissoudre toutes agrégations et associations religieuses non autori-sées, et même celle des Jésuites. Il ne faut pas se le dissimuler : cet arrêt, tout en reconnaissant les dangers et l'illégalité des Jésuites en France, mais en déclarant l'autorité judiciaire incompétente pour dissoudre leurs associations et leurs établissements, a donné à cet ordre les moyens de s'étendre et de se multiplier dans le royaume. En effet, croira-t-on sérieusement que le ministère, qui a favorisé l'intro-duction et le rétablissement des Jésuites, et, qui pis est, les a défendus à la tribune dans les deux chambres, va se déterminer à prononcer leur exclu-sion, lorsqu'il peut par cet arrêt les maintenir impu-nément? Le supposera-t-on, surtout alors qu'ils ont tant d'influence et des affiliations si puissantes, alors enfin que les faits dénoncés par M. de Montlosier démontrent à quel point ils dominent l'administra-tion de l'État?

Voici les termes de cet arrêt :

« La cour, toutes les chambres assemblées, après » avoir entendu plusieurs de MM. les conseillers

» sur les faits contenus dans la dénonciation de
» François-Dominique Reynaud, comte de Mont-
» losier, en date du 16 Juillet 1826, de lui signée
» et adressée à tous et un chacun des membres de
» la cour ;

» Après avoir également entendu le procureur-
» général du Roi en ses conclusions ;

» La matière mise en délibération ;

» Considérant qu'il résulte de l'ensemble et des
» dispositions,

» 1°. Des arrêts du parlement de Paris, des
» 6 Août 1762, 1er. Décembre 1764 et 9 Mai
» 1767 ;

» 2°. Des arrêts conformes des autres parlements
» du royaume ;

» 3°. De l'édit de Louis XV, du mois de No-
» vembre 1764 ;

» 4°. De l'édit de Louis XVI, du mois de Mai
» 1777 ;

» 5°. De la loi du 18 Août 1792 ;

» 6°. Et du décret du 3 Messidor an XII (22
» Juin 1804),

» Que l'état actuel de la législation s'oppose for-
» mellement au rétablissement de la société dite
» *de Jésus*, sous quelque dénomination qu'elle se
» présente :

» Que ces arrêts et édits principalement fondés
» sur l'incompatibilité reconnue entre les principes

» professés par cette société et l'indépendance de tout
» gouvernement, principes bien plus incompatibles
» encore avec la Charte constitutionnelle, qui fait
» aujourd'hui le droit public des Français ;

» Mais considérant que, suivant cette législation,
» il n'appartient qu'à la haute police de dissoudre
» tous établissements, agrégations ou associations
» qui sont ou seraient formés au mépris des arrêts,
» édits, loi et décret sus-énoncés ;

» En ce qui touche les autres faits contenus dans
» ledit écrit du comte de Montlosier,

» Attendu que, quelle que puisse être leur gra-
» vité, ils ne constituent néanmoins ni crime, ni
» délit qualifié par les lois dont la poursuite appar-
» tient à la cour :

» Par ces motifs, la cour se déclare incompé-
» tente. »

L'importance du sujet et les conséquences de cet
arrêt nous ont déterminé à publier nos observations
au sujet de l'incompétence admise par la cour :
nous espérons que des autorités plus imposantes
que notre faible opinion soutiendront cette grande
discussion.

Il appartient aux jurisconsultes d'examiner, sous
le rapport légal, les décisions judiciaires, et d'en
démontrer les erreurs, quelque respect que l'on ait
d'ailleurs pour les arrêts de la justice : le nombre

et le mérite personnel des magistrats qui y ont concouru, ne sont pas toujours une preuve de l'infaillibilité de ces décisions.

Dans une affaire qui présente de si graves intérêts, puisqu'il s'agit de savoir, si les Jésuites auront l'éducation de nos enfants, s'ils exerceront leur influence dans nos familles et dans le gouvernement, il nous semble qu'il est du devoir des jurisconsultes de combattre cette dangereuse incompétence admise par l'arrêt de la cour royale de Paris, et de soutenir, avec la sainte autorité des lois, M. de Montlosier dans sa noble-entreprise.

Nous diviserons cette discussion en trois parties.

Dans la première, nous établirons que l'autorité judiciaire est compétente pour dissoudre les associations et corporations religieuses non autorisées.

Dans la deuxième, on traitera de l'illégalité du rétablissement des Jésuites, et l'on démontrera la compétence du pouvoir judiciaire pour en prononcer la dissolution.

Dans la troisième partie, nous examinerons quels sont les moyens légaux de se pourvoir par suite de cet arrêt.

§. Ier.

Compétence du pouvoir judiciaire pour dissoudre les associations religieuses non autorisées.

C'est un principe, que toute personne qui a connaissance d'un crime ou délit portant atteinte soit à la sûreté publique, soit à la vie ou à la propriété d'un individu, est tenue d'en donner avis au magistrat chargé des fonctions du ministère public : l'intérêt social exige qu'il en soit ainsi. C'est ce que prescrit l'article 30 du code d'instruction criminelle, ainsi conçu :

« Toute personne qui aura été témoin d'un atten-
» tat, soit contre la sûreté publique, soit contre la
» vie ou la propriété d'un individu, sera tenue d'en
» donner avis au procureur du Roi, soit du lieu
» du crime ou délit, soit du lieu où le prévenu
» pourra être trouvé. »

Or, M. de Montlosier, qui a eu connaissance d'associations illicites, dites religieuses, ou formées avec des hommes proscrits par les lois et les arrêts, a donc dû les dénoncer. Mais il y était impérieusement obligé sous les peines portées par les articles 104 et 105 du code pénal, puisque d'après les faits dénoncés par M. de Montlosier, il s'agissait d'un crime contre la sûreté de l'État.

La loï ne prescrit pas exclusivement d'adresser cette dénonciation aux procureurs du Roi, mais elle peut aussi être faite au procureur-général, suivant l'article 275 du code d'instruction criminelle*.

Il est donc constant que M. de Montlosier avait qualité pour présenter sa plainte ou sa dénonciation.

Examinons maintenant si, de son côté, l'autorité judiciaire avait qualité ou était compétente pour poursuivre par suite de cette dénonciation.

Nous soutenons l'affirmative, d'abord en ce qui concerne les affiliations ou associations religieuses non autorisées ; et à bien plus forte raison si les faits dénoncés par M. de Montlosier avaient le caractère d'un complot contre l'État.

Ces agrégations formées au mépris de la loi, et qu'elle a qualifiées de *réunions illicites*, ont le caractère de délit ; la poursuite pour faire prononcer leur dissolution avec la peine d'amende qui y est jointe, lorsque ces associations ne sont pas autorisées, appartient aux magistrats chargés des fonctions du ministère public.

Rappelons les dispositions du code pénal qui s'appliquent à ces associations.

« Art. 291. *Nulle association* de plus de vingt

---

* « Il (le procureur-général) reçoit les dénonciations et les plaintes » qui lui sont adressées directement, soit par la cour royale, soit par un » fonctionnaire public , soit par un simple citoyen, et il en tient registre. » Il les transmet au procureur du Roi. »

« personnes, dont le but sera de se réunir tous les
» jours ou à certains jours marqués, pour s'occuper
» *d'objets religieux, littéraires*, politiques ou au-
» tres, ne pourra se former qu'*avec l'agrément du*
» *gouvernement et sous les conditions qu'il plaira*
» *à l'autorité publique d'imposer à la société.*

    » Art. 292. Toute association de la nature ci-
» dessus exprimée qui se sera formée *sans autori-*
» *sation*, ou qui, après l'avoir obtenue, aura
» enfreint les conditions à elle imposées, sera dis-
» soute. — Les chefs, directeurs ou administrateurs
» de l'association seront en outre punis d'une amende
» de seize francs à deux cents francs. »

    On voit, par les termes de cet article, qu'il ne
suffirait pas de la permission de l'autorité locale,
mais qu'il faut, pour l'existence légale de ces associations, l'agrément du ministre de l'intérieur ; et,
même après l'avoir obtenue, celui qui procure sa
maison ou son appartement pour les réunions des
membres de l'association, doit de plus obtenir,
sous peine de la même amende, la permission de
l'autorité municipale : c'est ce que porte l'article 294
du code pénal, ainsi conçu :

    « Tout individu qui, sans *la permission de l'auto-*
» *rité municipale*, aura accordé ou consenti l'usage
» de sa maison ou de son appartement, en tout ou en
» partie, pour la réunion des membres d'une asso-
» ciation, *même autorisée*, ou pour *l'exercice d'un*

» *culte*, sera puni d'une amende de seize francs à
» deux cents francs. »

La sûreté publique, l'ordre et la police d'un état
commandent ces précautions : les Romains proscri-
vaient également toute association qui n'avait point
obtenu, par un sénatus-consulte, l'autorisation né-
cessaire (*l.* 3, §. 1, *ff.*, *de coll. et corp.*).

Notre ancienne législation contient un grand nombre d'ordonnances, de règlements et d'arrêts qui
prohibent les assemblées, associations, congrégations et confréries non autorisées par lettres-patentes
vérifiées en la cour (V. Fontanon; tom. 1, liv. 3,
p. 66; Févret, *Traité de l'abus*, t. 1, p. 96 et 97).

Le code pénal a classé ces associations non pour-
vues d'autorisation parmi les délits contre la sûreté
publique, ainsi qu'on le voit par l'intitulé du cha-
pitre 3, section 1re. de ce code. C'est ce qui résulte
pareillement de la rubrique du livre 1er. du même
code qui classe les peines des crimes et délits en
matière criminelle, et place dans ce nombre celles
que la loi applique aux réunions et associations illicites. Elle les a frappées d'amendes, ce qui consti-
tue une peine correctionnelle, suivant l'article 9 du
même code ; et enfin un grand nombre de juge-
gements et d'arrêts attribuent la connaissance de
ces affaires aux tribunaux de police correctionnelle,
en les mettant ainsi au nombre des délits.

Or, la loi ayant chargé, par l'article 22 du code

d'instruction criminelle, les procureurs du Roi de la recherche et de la poursuite de tous délits, il s'ensuit que l'autorité judiciaire est compétente pour poursuivre la dissolution de ces réunions ou associations illicites qui, par le fait de leur existence au mépris de la loi, sont en état de délit.

Cet article 22 s'exprime ainsi :

« Les procureurs du Roi sont chargés de la
» recherche et de la poursuite de *tous les délits*
» dont la connaissance appartient *aux tribunaux*
» *de police correctionnelle*, ou aux cours spéciales,
» ou aux cours d'assises. »

On voit donc bien par cet article que l'autorité judiciaire est compétente pour poursuivre le délit résultant des *réunions* ou *associations illicites*, puisque la loi veut, sans distinction, que les procureurs du Roi recherchent et poursuivent *tous les délits*.

Cette compétence est la même de la part du procureur-général, lorsque des dénonciations lui sont adressées, suivant l'article 275 du code d'instruction criminelle, parce qu'il doit les transmettre au procureur du Roi, chargé de poursuivre.

Nul doute que la haute police peut requérir les poursuites; mais la loi les commande également aux procureurs du Roi, dès-lors que le délit dont il s'agit leur est dénoncé, *même par un simple citoyen*.

Il ne s'ensuit pas de ce que la haute police

du royaume a seule le droit de donner l'autorisation à ces réunions ou associations; qu'elle seule
ait le droit de faire dissoudre celles qui ne sont
pas autorisées ; il suffit que le délit existe, et qu'il
ait été caractérisé tel par la loi, pour que le magistrat doive poursuivre toute affiliation ou corporation qui n'a point satisfait à la formalité légale
de l'autorisation. En effet, ces réunions sont alors
illicites; elles existent clandestinement; elles peuvent
compromettre la sûreté publique ; elles sont en
état de délit : la loi en prononce la dissolution.

On est tenté de croire, par les motifs de l'arrêt
de la cour royale de Paris qui fait l'objet de cette
discussion, que cette cour a considéré les associations
dont il s'agit, seulement comme une contravention
dont le gouvernement aurait seul le droit de se
plaindre et de provoquer la poursuite ; c'est une
grande erreur : il intéresse tous et chacun des
membres de la société, et il rentre dans les termes
de l'article 30 du code d'instruction criminelle, qui
autorise toute personne qui a connaissance d'un
crime ou délit contre la *sûreté publique*, la vie
ou la propriété d'un individu, *à en donner avis
au procureur du Roi.*

Les termes de l'article 22 du code d'instruction
criminelle précité, ne semblent pas laisser de doute
que l'autorité judiciaire soit compétente pour dissoudre ces associations; mais faut-il invoquer l'an-

cienne jurisprudence? Un grand nombre d'arrêts des parlements attestent que ces cours prononçaient la dissolution des réunions et confréries religieuses non autorisées.

Nous nous bornerons à citer les arrêts rendus, le 9 Mai 1760 et le 17 Janvier 1769, sur la dénonciation de M. le procureur-général, toutes les chambres assemblées, portant : « Inhibitions et défenses
» à toutes personnes, de quelque qualité et condi-
» tions qu'elles soient, de former aucunes assem-
» blées illicites, ni confréries, congrégations ou
» associations en cette ville de Paris et partout
» ailleurs, sans l'expresse permission du Roi, et
» lettres-patentes vérifiées en la cour ; — Ordonne
» pareillement que dans les six mois, pour toute
» préfixion et délai, à compter de la publication du
» présent arrêt, les chefs, administrateurs et régis-
» seurs de toutes confréries, associations et congré-
» gations qui se trouvent dans le ressort de la cour,
» seront tenus de remettre au procureur-général du
» Roi, ou à ses substituts, sur les lieux, des copies,
» en bonnes formes et signées d'eux, des lettres-
» patentes de leur établissement, où autres titres
» qu'ils peuvent avoir, leurs règles, statuts et for-
» mules de promesses où engagements verbaux,
» ensemble un mémoire contenant le temps et la
» forme de leur existence ; comme aussi un exem-
» plaire des livres composés pour l'usage desdites

» confréries , associations et congrégations ; — *Fait*
» *pareillement défenses de s'assembler à l'avenir,*
» *sous prétexte des confréries, congrégations ou*
» *associations, dans aucune chapelle intérieure ou*
» *aucun oratoire particulier de maison religieuse*
» *ou autre, même dans les églises qui ne seraient*
» *pas ouvertes à toutes personnes qui se présente-*
» *raient pour y entrer.* »

On voit qu'à cette époque on sentait, comme
aujourd'hui, les dangers de ces associations mys-
tiques et des instructions à huis-clos, sous prétexte
de religion. Il est malheureusement trop vrai que
c'est dans ces confréries, dites *du Sacré-Cœur de
Jésus, de la Vierge, de la Croix* et autres *, où
l'on exalte l'imagination des jeunes filles, lorsqu'il
importe d'en faire de bonnes mères de famille. Qui
n'a pas entendu dans ces réunions chanter des can-
tiques sur des airs très-profanes , et dans des termes
propres à électriser les ames, en leur inspirant des
idées de volupté ?

Diverses ordonnances rapportées dans Fontanon,
à l'endroit que nous avons précédemment cité ;
celles de Moulins, de Février 1566, et la décla-

* La séduction du père Girard envers Lacadière avait pris sa source
dans cette exaltation du *Sacré-Cœur ;* ses lettres à sa pénitente se termi-
naient ainsi : *Je serai toujours tout à vous dans le Sacré-Cœur de Jésus ;*
et Lacadière répondait : *Je vous suis intimement unie dans le Sacré-Cœur
de Jésus.* (V. ce procès, t. 2, p. 9 et 17.)

ration du 24 Mai 1724, enjoignent aux officiers de justice de poursuivre la dissolution de ces *assemblées illicites*, *confréries*, *congrégations* ou *associations.*

La loi du 18 Août 1792 les a toutes supprimées, sous quelque dénomination qu'elles se présentent.

On peut également rappeler le décret du 22 Juin 1804, qui s'applique non seulement aux Jésuites, qui cherchaient alors à s'introduire en France, mais à toutes corporations religieuses : on y verra que l'autorité judiciaire était compétente pour les dissoudre, puisque *les procureurs-généraux et impériaux étaient tenus de les poursuivre* ou faire *poursuivre, même par voie extraordinaire.*

Ce décret porte :

« Art. 1er........Seront dissoutes *toutes agré-* » *gations* ou *associations formées sous prétexte* » *de religion et non autorisées.*

» Art. 6. Nos procureurs-généraux près nos » cours et nos procureurs impériaux sont tenus, » de poursuivre ou faire poursuivre, *même par* » *voie extraordinaire,* suivant l'exigence des cas, » les personnes de tout sexe qui contreviendraient » *directement* ou *indirectement* au présent décret, » qui sera inséré au Bulletin des lois. »

Si le code pénal pouvait laisser quelque doute sur le droit de compétence en pareil cas, qui appartient à l'autorité judiciaire, il suffirait de citer l'article 484 de ce code, qui veut que dans les matières sur lesquelles il n'a point statué, les cours et tribunaux observent les lois et règlements particuliers.

Cet article est ainsi conçu :

« Dans toutes les matières qui n'ont pas été réglées
» par le présent code, et qui sont régies par des
« lois et règlements particuliers, *les cours et les tri-*
» *bunaux continueront de les observer.* »

C'est d'ailleurs une règle de droit que les lois antérieures ne sont abrogées par les lois postérieures, qu'autant que celles-ci sont contraires, ou que cette abrogation est formellement prononcée. *Sed et posteriores leges ad priores pertinent, nisi contrariæ sint* (*l.* 28 ; *ff.*, *de legibus*).

Ainsi donc on remarquera, d'après ce principe, qu'il y aurait lieu d'invoquer les lois, ordonnances et décret précités, et de les appliquer, puisque les articles 291 et 292 du code pénal, qui concernent les réunions et associations illicites ou non autorisées, n'ont rien de contraire à l'ancienne législation, concernant la compétence de l'autorité judiciaire pour poursuivre la dissolution de ces agrégations.

Mais, on le répète, là combinaison des articles 22, 30 et 275 du code d'instruction criminelle ne peut laisser de doute sur cette compétence, sans qu'il soit besoin de recourir à l'ancienne législation, qui n'a point été abrogée en cette matière.

Vainement on objecterait que l'article 5 de la Charte, portant que *chacun professe sa religion avec une égale liberté*, a abrogé les articles 291 et 292 du code pénal, relatifs aux associations religieuses : cette doctrine ne peut être admise ; car dès-lors qu'aucune abrogation de ces articles n'a été prononcée par la loi, il faudrait du moins, pour admettre l'abrogation tacite, que ces articles fussent inconciliables, ce qui est loin d'exister dans l'espèce. En effet, on conçoit que ces articles du code pénal qui s'appliquent aux diverses réunions et corporations non autorisées, ont pour objet l'ordre, la sûreté et la surveillance qui doivent exister dans tout état sagement administré, et que l'autorisation qui est alors exigée n'est point inconciliable avec la liberté de professer sa religion, droit garanti par la charte.

C'est d'ailleurs ce que la cour de cassation a décidé par son arrêt du 3 Août 1826, dans l'affaire des *Piétistes* de Colmar : elle a consacré en principe, que ces articles n'avaient rien de contraire ; mais elle a de plus reconnu que l'autorité judiciaire était compétente pour dissoudre ces associations, sous quelque dénomination religieuse qu'elles se présentent, lorsqu'elles ne sont paspourvues de l'autorisation du gouvernement.

Cette cour, en cassant l'arrêt de la cour royale de Colmar, s'est fondée sur le motif que la loi ne fait point de distinction, et qu'il faut dans tous les cas de corporations ou associations de plus de vingt personnes l'agrément du gouvernement ; en renvoyant cette affaire à juger devant une autre cour, elle a décidé par conséquent qu'elle ne croyait pas que ce fût la haute police du royaume qui eût seule le droit de dissoudre des associations de cette nature.

Il importe beaucoup que les magistrats de l'ordre judiciaire, qui sont inamovibles, et par cette raison plus rassurants et plus indépendants que la haute police, conservent le droit de poursuivre ces corporations, dont les affiliés s'étendent sur tous les points de la France, qui ont pour chefs des hommes imprudents prêchant les principes les plus exaltés, les doctrines les plus dangereuses, tendant à l'asservissement de toutes les classes de la société, à subordonner le pouvoir civil au pouvoir religieux, à placer enfin l'État dans l'Église, suivant l'expression de l'illustre et vertueux d'Aguesseau.

C'est véritablement par cet esprit d'exaltation, d'ambition et d'intolérance, que l'on fait le plus grand tort à la religion, que l'on détache de ses pratiques, et que ses ministres perdent chaque jour une salutaire influence.

§. II.

Compétence de l'autorité judiciaire pour dissoudre les établissements des Jésuites en France.

Les lois et arrêts que nous avons cités sont applicables aux confréries et associations religieuses non autorisées ; mais le gouvernement peut les protéger au moyen d'une autorisation, et dès-lors les cours et les tribunaux sont sans droit de les dissoudre. Nous allons voir qu'à l'égard des Jésuites il en est autrement ; ils sont en France dans un état d'interdiction absolue pour y former aucun établissement et association, ou pour se livrer à l'enseignement, et une ordonnance royale ne pourrait même les relever de cette interdiction.

Il y a contre le rétablissement des Jésuites la force des lois et l'autorité de la chose jugée.

L'ordre des Jésuites avait été supprimé dans tous les états de la chrétienté.

On remarque d'abord la bulle du pape Clément XIV, du 21 Juillet 1773, qui abolit leur institut, en reconnaissant *qu'il était à peu près impossible que cette société, subsistant, l'église pût jouir d'une paix durable et permanente.*

Notre ancienne législation présente l'édit de

Louis XV, du mois de Novembre 1764, et l'édit de Louis XVI, du 13 Mai 1777, qui prononcent l'un et l'autre la suppression des Jésuites comme corps religieux ou enseignant.

Le premier de ces deux édits porte textuellement :

« Ordonnons qu'à l'avenir *la société des Jésuites* » *n'ait plus lieu dans notre royaume, pays,* » *terres et seigneuries de notre obéissance.* »

L'édit de Louis XVI s'exprime ainsi :

« Art. 1er. Les ci-devant Jésuites continueront » de vivre dans nos états, comme particuliers, sous » l'autorité spirituelle des ordinaires des lieux, en » se conformant aux lois du royaume.

» Art. 2. *Ils ne pourront se réunir pour vivre* » *plusieurs ensemble en société, sous quelque pré-* » *texte que ce puisse être.*

» Art. 3. Nous leur faisons expresses inhibitions » et défenses d'avoir ni *entretenir aucun commerce* » *ni aucune correspondance* avec les étrangers » qui auraient été de ladite société et compagnie, » surtout avec ceux qui auraient eu ci-devant » quelque autorité dans ladite société.

Art. 4 et 5. (Ces articles leur permettent d'être curés dans les campagnes, mais non dans les villes.)

» Art. 6. Ne pourront néanmoins exercer les

2 *

» fonctions de *supérieurs de séminaires*, de régents
» dans les colléges, *ni autres relatives à l'instruc-*
» *tion publique.* »

Ces deux édits furent registrés en parlement, et l'arrêt d'enregistrement, sur la réquisition du procureur-général, ordonne qu'ils *seront exécutés selon leur forme et teneur*, et prescrit aux officiers du ministère public *d'y tenir la main.*

Les parlements avaient ajouté, par leurs arrêts, une nouvelle force à ces édits ; tels étaient notamment les arrêts du parlement de Paris, des 5 Mars et 6 Août 1762, 1er. Décembre 1764 et 9 Mai 1767.

Remarquons ces arrêts qui prononcent, de la manière la plus positive, l'expulsion des Jésuites, et qui font connaître en même temps les justes motifs de cette expulsion.

L'arrêt du 6 Août 1762 s'exprime ainsi :

« La cour . . . . . . *déclare ledit institut inadmis-*
» *sible par sa nature dans tout État policé*, comme
» contraire au droit naturel, attentatoire à toute
» autorité spirituelle et temporelle, et tendant à
» introduire, *sous le voile d'un intérêt religieux,*
» un corps politique dont l'existence consiste *dans*
» *une activité continuelle* pour parvenir, par toute
» sorte de voies directes ou indirectes, sourdes ou
» publiques, d'abord à une dépendance absolue, et
» successivement à l'usurpation de toute autorité. »

Voici ce que porte l'arrêt du 5 Mars 1762, par

suite du compte rendu des livres composés et publiés
par les Jésuites :

« Les conséquences de leur doctrine iraient à
» détruire la loi naturelle, cette règle des mœurs
» que Dieu lui-même a imprimée dans le cœur des
» hommes, et, par conséquent, à rompre tous les
» liens de la société civile en autorisant le vol et le
» mensonge, l'impureté la plus criminelle, et géné-
» ralement toutes les passions et tous les crimes,
» *par l'enseignement de la compensation occulte,*
» *des équivoques, des restrictions mentales, du pro-*
» *babilisme et du péché philosophique ;* à détruire
» tout sentiment d'humanité parmi les hommes, en
» *favorisant l'homicide et le parricide** ; à anéantir
» l'autorité royale et les principes de la subordi-
» nation et de l'obéissance, en dégradant l'origine
» de cette autorité sacrée qui vient de Dieu même,
» et qui, en altérant sa nature, qui consiste prin-
» cipalement dans l'indépendance entière de toute
» autre puissance qui soit sur la terre ; à exciter,
» par l'enseignement abominable du régicide dans le
» cœur de ses fidèles sujets, et surtout de tous ceux

---

* On peut voir avec quelle force et quel talent cette détestable doctrine
des Jésuites est dévoilée et combattue dans les *Lettres provinciales* de Pas-
cal. D'Aguesseau recommande à son fils la lecture de ces lettres ; et Ger-
bier, le plus éloquent des orateurs du barreau, les relisait toujours. (Voir
notre *Biographie des principaux magistrats, avocats et jurisconsultes
français,* 1re. et 2e. livraisons, pages 18 et 232. — A Paris, chez Maze,
libraire, rue du Colombier, n°. 9.)

» qui composent la nation française, les alarmes
» les plus vives et les mieux fondées sur *la sûreté*
» *même de la personne sacrée des souverains* sous
» l'empire desquels ils ont le bonheur de vivre. »

Enfin, l'arrêt du 9 Mai 1767, d'après des motifs
aussi graves, « défend aux ci-divant Jésuites de vivre
» désormais, *à quelque titre et sous quelque dénomi-*
» *nation que ce puisse être, sous l'empire de leurs*
» *anciennes constitutions et institut.* »

A ces monuments de l'ancienne législation et de
l'ancienne jurisprudence relatives aux Jésuites, on
peut ajouter,

1°. La loi du 14 Septembre 1791, qui supprime
toute corporation religieuse ainsi que les vœux perpétuels ;

2°. La loi du 18 Août 1792, qui abolit de même
toutes corporations et associations religieuses, sous
quelque forme et dénomination qu'elles puissent
exister ;

3°. Le décret du 3 Messidor an XII (22 Juin
1804), qui fut rendu spécialement pour empêcher
le rétablissement des Jésuites, qui cherchaient à
s'introduire sur plusieurs points de la France : ce
décret prononce également la dissolution de toutes
associations formées sous le prétexte de religion et
non autorisées. Nous ne reviendrons pas sur cette
partie, traitée au paragraphe précédent, mais il

convient de rappeler ce que contient ce décret au sujet des Jésuites. Il porte :

« Art. 1ᵉʳ. À compter du jour de la publication » du présent décret, l'agrégation ou association con- » nue sous le nom de *Pères de la foi*, d'*Adorateurs* » *de Jésus* ou de *Paccanaristes*, actuellement éta- » blie à Belley, à Amiens, et dans quelques autres » villes de l'empire, *sera et demeurera dissoute.* »

L'article 6 de ce décret a été rapporté précédemment, page 14. On voit qu'il ordonne aux procureurs près les cours et tribunaux de poursuivre tous ceux qui contreviendraient au présent décret, et par conséquent qu'il attribue au pouvoir judiciaire le droit de les dissoudre.

Il résulte de cette législation et de cette jurisprudence qu'aucune autorisation ne peut être donnée aux Jésuites pour se réunir en corps religieux ou enseignant, puisque ce serait violer ouvertement les lois et les arrêts; cette autorisation ne pourrait même être accordée par une ordonnance royale; car, aux termes de l'article 14 de la Charte constitutionnelle, le Roi ne peut faire des règlements et ordonnances qui détruiraient l'effet d'une loi existante : il ne peut surtout anéantir ainsi l'autorité de la chose jugée.

Comment donc concevoir que la haute police aurait seule la compétence pour dissoudre les Jésuites réunis en société? Comment lui donner le droit exclusif de dissoudre, quand elle n'a pas celui de

donner à cet ordre une existence légale ? Voilà
pourtant la conséquence qui sortirait de l'arrêt rendu
par la cour royale de Paris, et l'étrange contradiction
à laquelle il faudrait se soumettre.

Reconnoître que la haute police est seule compétente pour poursuivre la dissolution des Jésuites
réunis en société, c'est lui donner indirectement
le droit d'autoriser leurs établissements en France.
En effet, il résulte de ce droit que si le gouvernement ne veut pas les dissoudre, et que s'ils ne peuvent être poursuivis que par lui, leur position sera
absolument la même que s'ils étaient autorisés à
vivre en société dans le royaume.

L'arrêt de la cour royale de Paris conduit donc
évidemment à éluder les lois et les arrêts qui s'oppo-
sent au rétablissement des Jésuites, et même à violer
impunément la législation qui proscrit les autres ordres
religieux, ainsi que nous allons bientôt le démontrer.

Il importe fort peu que cet arrêt de la cour
royale de Paris ait fait sentir les dangers et l'illégalité
de ce rétablissement, dès-lors qu'on ouvre ainsi
aux Jésuites tous les moyens de s'introduire et de
se maintenir en France.

Vainement on dirait que, dans ce cas, les
ministres pourront être accusés devant la chambre
des députés ; mais on voit, par les articles 13, 55 et
56 de la Charte, le peu de succès qu'aurait une
pareille tentative, même en admettant les hommes

les plus indépendants dans la chambre des députés, qui seule a le droit d'accuser les ministres. L'article 56 ne permet cette accusation que pour fait de trahison et de concussion, délit qui n'a point de caractère légal dans l'espèce; et qui, suivant ce même article, ne peut être spécifié dans sa nature et dans ses poursuites, que par des lois qui sont annoncées depuis long-temps, mais qui n'existent pas.

La loi du 24 Mai 1825 a permis, à la vérité, le rétablissement des ordres religieux de femmes, mais encore faut-il une ordonnance royale et diverses formalités; dans ce cas il a même fallu une loi spéciale pour détruire l'effet des lois antérieures qui supprimaient indistinctement toute communauté religieuse. On a reconnnu qu'une ordonnance ne pouvait anéantir la législation existante à cet égard. Comment donc pourrait-on accorder aux ministres ou à la haute police du royaume un droit exclusif de compétence qui équivaudrait à celui d'autorisation par ses résultats? Ne serait-ce pas un moyen facile de violer la loi du 24 Mai 1825, qui, ayant statué uniquement sur le rétablissement des communautés de femmes, n'a pas permis, par cela même, que les ordres religieux d'hommes soient rétablis, et, par conséquent, les Jésuites, qui en font partie? Remarquons que si cette faveur pouvait être accordée à ceux-ci, elle doit l'être à plus forte raison, aux autres classes monastiques.

On voit donc qu'en accordant aux ministres, suivant l'arrêt de la cour royale de Paris, le droit exclusif de dissoudre toutes ces corporations religieuses, et même celles des Jésuites, c'est donner la faculté de violer impunément les lois qui les proscrivent, ainsi que les autres ordres religieux d'hommes dans lesquels ils sont compris : il suffira que le gouvernement les tolère ou ne s'oppose pas à leur rétablissement pour qu'ils soient dans le même état que si une loi les avait autorisés ; car, d'une part, l'autorité judiciaire sera sans force pour les atteindre, et aucun moyen légal ne pourra de même être employé contre la haute police qui les protégera.

Mais prouvons que l'autorité judiciaire est compétente pour dissoudre les Jésuites, dès-lors qu'ils forment en France un établissement ou une association quelconque.

D'abord, en principe, n'est-ce pas aux cours et tribunaux qu'il appartient de faire exécuter les lois, à la diligence du ministère public ?

L'article 46 de la loi du 20 Avril 1810 porte : « Le ministère public surveille l'exécution des lois, » des arrêts et des jugements : *il poursuit d'office* » *cette exécution dans les dispositions qui intéres-* » *sent l'ordre public.* »

N'est-ce pas bien là, dans notre espèce, la compétence de l'autorité judiciaire ?

Indépendamment de cette loi, ne voyons-nous

pas, dans le texte même du décret du 22 Juin 1804, ci-devant rapporté, et fait spécialement au sujet des Jésuites, l'obligation formelle imposée *aux procureurs près les cours et tribunaux* de les poursuivre et de les dissoudre? Rien n'est plus clair ni plus positif.

Dira-t-on que les articles 291 et 292 du code pénal ont abrogé l'ancien état de la législation contre les Jésuites, et que ceux-ci peuvent être autorisés par le gouvernement comme toute autre association? Ce serait une erreur : ces articles ne sont point applicables aux ordres monastiques proscrits par les lois antérieures, ils ne concernent que les affiliations et corporations religieuses dites confréries, non liées par des vœux perpétuels. En effet, ils ne s'étendent point aux communautés de femmes, puisqu'il existe à cet égard une loi spéciale, celle du 24 Mai 1825; ils s'appliquent encore moins aux ordres religieux d'hommes, puisque nous avons vu que la législation n'en permet pas le rétablissement, à moins d'une loi spéciale.

Ainsi donc, le décret du 22 Juin précité comme l'ancienne législation touchant les Jésuites, les proscrivent et démontrent la compétence de l'autorité judiciaire pour dissoudre tout établissement ou association de cet ordre.

Mais les arrêts rendus contre les Jésuites par les parlements ne contiennent-ils pas, comme les arrêts

des cours royales, l'injonction aux procureurs-généraux et royaux de les faire exécuter? n'est-ce pas dès-
lors une compétence bien établie, bien constante
donnée à l'autorité judiciaire? Où en serait-on, si
la force des arrêts, si la puissance de la chose jugée
pouvait ainsi être arrêtée au gré de la haute police du
royaume? ne serait-ce pas le renversement de tous
les principes?

Dira-t-on que les délits dénoncés par M. le comte
de Montlosier rentrent dans la classe des appels
comme d'abus, que l'ordonnance du 19 Juin 1814
a attribués au conseil-d'état?

Nous ne méconnaîtrons pas que quelques faits
signalés par M. de Montlosier peuvent appar-
tenir aux appels comme d'abus qui ne sont plus
dans le domaine de l'autorité judiciaire ; mais assu-
rément cette objection serait inapplicable aux Jésuites, qui n'ont aucune existence légale comme
ordre religieux et enseignant : à leur égard tout
est désormais jugé. Il ne s'agit que de faire exécuter
les arrêts partout où ils seront réunis en société
religieuse, ou se livrant à l'instruction publique.
Et à qui appartient cette exécution, si ce n'est
aux magistrats du ministère public, auxquels l'article 46 précité de la loi du 20 Avril 1810 a confié
ce soin? On n'a point à examiner si tel discours
d'un prélat, si telles instructions pastorales d'un
évêque doivent être dénoncées et censurées par le

conseil-d'état ; mais tout se réduit, à l'égard des Jésuites, à faire exécuter la chose jugée, et non à remettre en question ce qui avait été décidé.

Quant aux associations religieuses dont font partie des individus séculiers, le conseil-d'état y devient entièrement étranger : il n'y a rien dans l'espèce qui regarde l'appel comme d'abus. Le décret du 22 Juin 1804 et les articles 291 et 292, ainsi que les lois et arrêts ci-devant rapportés, sont là pour faire prononcer par l'autorité judiciaire la dissolution de ces corporations illicites.

Les Jésuites voudraient-ils se prévaloir de la bulle de Pie VII qui les a rétablis ?

Qu'importe que ce pape ait détruit l'ouvrage de Clément XIV, son prédécesseur, qui avait aboli l'ordre des Jésuites ; il suffit de dire que la bulle de Pie VII ne peut avoir aucune autorité en France, puisqu'elle n'y a point reçu de sanction légale, c'est-à-dire qu'elle n'a été ni enregistrée au conseil-d'état, ni approuvée par une ordonnance du Roi.

On voit par le bref de Pie VII, que rien n'est changé dans l'ordre des Jésuites ; ce sont évidemment le même esprit, les mêmes doctrines, puisque c'est la même institution. Il porte : « Que les Jésuites » seront distribués dans un ou plusieurs colléges, » dans une ou plusieurs provinces, *sous l'autorité* » *de leur général;* que là, *ils conformeront leur* » *manière de vivre à la règle prescrite par Saint-*

» *Ignace de Loyola*, approuvée et confirmée par
» Paul III. »

'En vain les Jésuites répéteront que c'est l'impiété
qui a excité la haine contre eux et fait supprimer
leur ordre. « L'impiété, ainsi que le disait M. le
» vicomte Lainé à la chambre des pairs, le 4 Juillet
» 1826, n'a pas eu tous les peuples, tous les rois
» et le pape même pour complices. »

Concluons donc que l'arrêt de la cour royale de
Paris, du 18 Août 1826, a méconnu et violé les
articles 22, 275 du code d'instruction criminelle et
l'article 6 du décret du 3 Messidor an XII (22 Juin
1804), en se dessaisissant d'un droit de compétence
qui lui appartenait pour en investir exclusivement
la haute police au sujet des corporations religieuses
non autorisées.

Que cet arrêt, en ce qui touche les Jésuites,
a fait violation et contravention; 1°. à l'autorité de
la chose jugée, notamment à l'arrêt du parlement
de Paris, du 5 Mai 1767, ci-devant rapporté ;
2°. à l'article 46 de la loi du 20 Avril 1810, et
à l'article 6 du décret du 22 Juin 1804, qui
donorne spécialement aux procureurs-généraux et
royaux de poursuivre et de faire dissoudre les Jésuites, même par voie extraordinaire ; 3°. aux lois
qui proscrivent le rétablissement des ordres religieux
d'hommes, puisque, au moyen de la compétence
attribuée par le susdit arrêt à la haute police, c'est

dépouiller l'autorité judiciaire du droit d'empêcher la violation de ces lois, et fournir un moyen indirect de les violer impunément; c'est de plus sous ce dernier rapport un excès de pouvoir de la part de la cour royale.

§. III.

Moyens légaux à employer par suite de l'arrêt de la cour royale de Paris.

Il est constant, en droit, que les crimes et délits doivent être dénoncés et poursuivis dans les lieux ou dans le ressort desquels ils ont été commis.

Autrement il y aurait confusion qui paralyserait l'action de la justice, et plus de difficultés pour suivre les traces du fait incriminé. Ainsi un crime commis dans le ressort de la cour royale de Paris ne pourrait être dénoncé à M. le procureur-général près la cour royale de Pau, de Lyon ou de toute autre cour.

C'est par cette raison que l'article 3o du code d'instruction criminelle veut que la plainte ou la dénonciation soit adressée au procureur du Roi du lieu du crime ou délit.

De même encore l'article 275 veut que si cette dénonciation est adressée à M. le procureur-général, il la transmette au procureur du Roi de son ressort.

Ainsi donc, quoiqu'il existe un arrêt de la cour royale de Paris, qui déclare cette cour incompétente au sujet de la dénonciation présentée par M. de Montlosier, il n'en a pas moins le droit d'adresser sa plainte à MM. les procureurs du Roi près les autres cours et tribunaux dans le ressort desquels il existerait soit des congrégations religieuses non autorisées, soit des établissements de Jésuites, même *les sept petits séminaires* dont M. d'Hermopolis a fait l'aveu à la chambre des députés. Il appartient à M. de Montlosier, comme à tout autre citoyen, de rechercher ces congrégations et ces établissements existant au mépris des lois, et de les dénoncer à l'autorité judiciaire pour en faire poursuivre la dissolution.

Ce n'est pas seulement à Mont-Rouge, dans le ressort de la cour royale de Paris, qu'il existe des établissements de Jésuites ; mais il y en a de semblables dans les arrondissements des cours royales d'Amiens et de Riom, ainsi que dans d'autres ressorts.

Les magistrats de ces cours, une fois saisis de la plainte, ne peuvent manquer de rendre une décision sur le fait du crime ou du délit qui leur est dénoncé : leur silence ou leur refus à cet égard serait un véritable déni de justice, punissable par nos lois (code de procédure civile, article 506 ; code civil, article 4 ; code pénal, article 185).

Si cette marche était suivie par M. de Montlosier,
il y a tout lieu de croire qu'il en résulterait des
décisions judiciaires dans un sens tout autre que
l'arrêt de la cour royale de Paris : il conviendrait
en pareil cas de joindre à sa demande des consul-
tations de plusieurs savants jurisconsultes sur ce
moyen d'incompétence, que l'on tâcherait peut-
être encore de lui opposer, à l'exemple de la cour
royale de Paris.

Il est à regretter que M. de Montlosier ne puisse
être considéré comme partie directe, ayant le droit
de se pourvoir personnellement en cassation contre
l'arrêt de la cour royale de Paris. Il nous semble
que cet arrêt présente plusieurs violations qui moti-
veraient avec avantage le pourvoi devant la cour
suprême.

Mais il appartient à M. le procureur-général près
cette cour, et aussi aux membres qui la composent,
d'examiner d'office cet arrêt dans l'intérêt de la loi et
de l'ordre public, afin d'en provoquer l'annulation,
s'il a été rendu en contravention aux lois de la matière.

C'est ce que prescrit l'article 88 de la loi du 27
Ventôse an VIII, relative à la cour de cassation.

Cet article est ainsi conçu :

« Si le commissaire du gouvernement apprend
» qu'il ait été rendu en dernier ressort un juge-
» ment contraire aux lois ou aux formes de procé-
» der, ou dans lequel un juge ait excédé ses pouvoirs,

» et contre lequel, cependant aucune des parties
» n'ait réclamé. . . . ., il en donnera
» connaissance au tribunal de cassation,, et si les
» formes et les lois ont été violées, le *jugement*
» *sera cassé*, etc. »

Il serait même convenable que M. de Montlosier
adressât à M. le procureur-général et à MM. les
membres de cette cour une requête expositive,
tendante à cette cassation dans l'intérêt de l'ordre
public. La cour suprême doit être comme une
sentinelle vigilante chargée de veiller à l'exacte
observation des lois : tel est le but de son institution ; par conséquent, dès quelle a connaissance
d'un arrêt qui les a violées, elle ne peut manquer
d'en prononcer l'annulation.

Si, contre toute attente, on n'arrivait pas au but
qu'on se propose en suivant ces deux voies, il
resterait un moyen : ce serait de dénoncer aux deux
chambres ces affiliations religieuses, non autorisées,
qui existent dans tous les points de la France, et
ces établissements de Jésuites tolérés et protégés par
la haute police du royaume, au mépris des lois
et de la chose jugée par les arrêts les plus solemnels.

Mais nous pensons néanmoins qu'une pareille
dénonciation ne pourrait avoir pour résultat qu'une
improbation contre les ministres, avec injonction
ou invitation de faire observer les lois sur cette
matière ; car nous ne croyons point que les articles

55 et 56 de la Charte, qui permettent à la chambre des députés d'accuser les ministres pour fait de trahison, puissent recevoir, dans l'espèce, aucune application, malgré l'opinion contraire de quelques publicistes ; et d'ailleurs quelles lois appliquerait-on pour la poursuite et la peine d'un pareil délit, puisque notre législation, qui contient des lois si multipliées et souvent si disparates, ne présente aucune disposition sur la responsabilité ministérielle, même pour fait de trahison ou de concussion? C'est ce que l'on doit conclure de l'article 56 de la Charte, ainsi conçu :

« *Ils* (les ministres) ne peuvent être accusés
» que pour fait *de trahison* ou *de concussion*. Des
» lois particulières spécifieront cette nature de délits,
» et en détermineront la poursuite. »

Depuis long-temps nous attendons ces lois annoncées par la Charte, non seulement sur cette responsabilité ministérielle, mais sur la constitution de la chambre des pairs en cour de justice, ainsi que pour déterminer les crimes de haute trahison et les attentats à la sûreté de l'État, dont la connaissance lui est attribuée par l'article 33 de notre Charte.